닥터앤닥터 육아일기

닥터앤닥터 육아일기

⑥ 육아의 최종 목표

글·그림 **닥터베르**

prologue

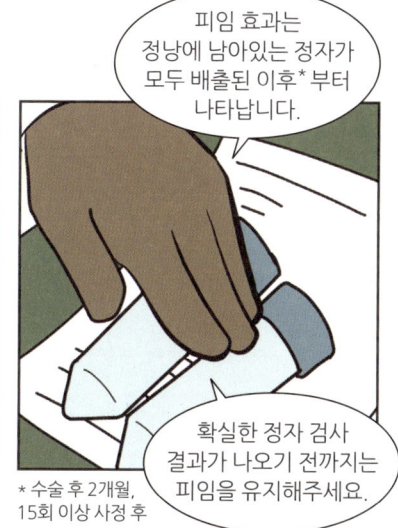

처음 한 달 정도는 불편감이 있었지만   지금은 몸도 마음도 편하다.

정관수술은 남성호르몬 수치에 영향을 주지 않는다.

차례

prologue	005
episode 180 확진 1	013
episode 181 확진 2	024
episode 182 확진 3	036
episode 183 확진 4	047
episode 184 확진 5	059
episode 185 투병 1	070
episode 186 투병 2	081
episode 187 삶 1	092
episode 188 삶 2	104
episode 189 삶 3	115
episode 190 죽음 1	126
episode 191 죽음 2	137
episode 192 죽음 3	148
episode 193 건강 1	159
episode 194 건강 2	170
episode 195 건강 3	181
episode 196 건강 4	192
episode 197 비탈길 1	203
episode 198 비탈길 2	215

episode 199	**비탈길 3**	225
episode 200	**비탈길 4**	236
episode 201	**비탈길 5**	247
episode 202	**비탈길 6**	258
episode 203	**공부 1**	269
episode 204	**공부 2**	279
episode 205	**공부 3**	290
episode 206	**공부 4**	301
episode 207	**공부 5**	312
episode 208	**공부 6**	323
episode 209	**공부 7**	334
episode 210	**공부 8**	345
episode 211	**안녕, 닥터베르 1**	356
episode 212	**안녕, 닥터베르 2**	367
episode 213	**안녕, 닥터베르 3**	378
episode 214	**안녕, 닥터베르 4**	389
episode 215	**Q&A 특별편**	408
epilogue	**레서**	419
epilogue	**인생이라는 항해**	431

episode 180

확진 1

하지만 검사가 진행될수록

확진을 받고 처음 든 감정은　　　　분노였다.

*각종 유해인자를 취급하는 연구활동종사자에 대하여 연 1회 이상 실시하는 일반건강검진과 특수건강검진

episode 181
확진 2

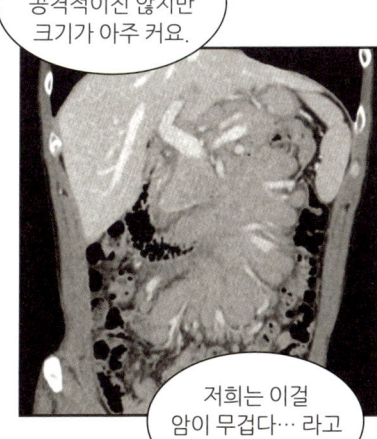
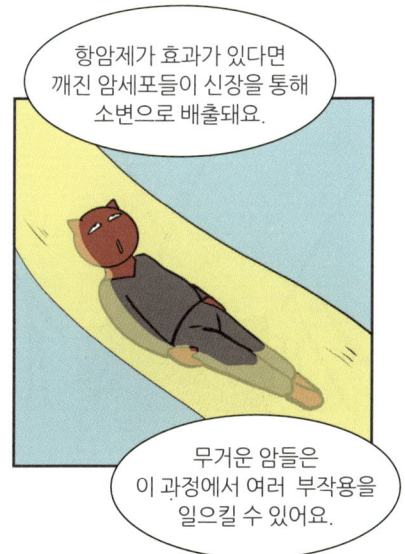

감염 증가	구토	감각이상
호중구감소증	오한	부정맥
백혈구감소증	무력	이명
혈소판감소증	두통	심부전
혈관부종	빈혈	변비
오심	말초부종	흉통
소양증	안면부종	요통
탈모	LDH 증가	홍조
발진	저칼슘혈증	권태
발열		

이번에 쓸 항암제 자체도 여러 부작용이 있어서 치료가 시작되면 많이 힘드실 수 있어요.

치료 전에 시간이 되시면 기분 전환이라도 하고 오세요. 가까운 곳에 여행이라도 다녀오시거나…

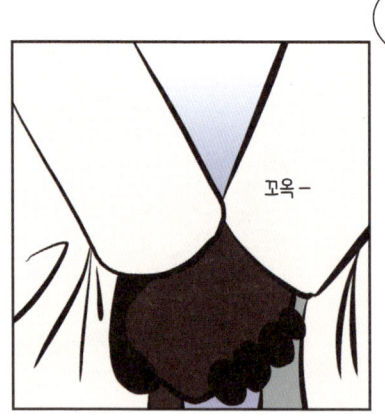

꼬옥-

어떻게 할까?

일단 나는 출근을 해야지.

다음 날.

episode 182

확진 3

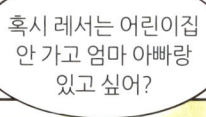

행복감을 느끼는 매순간

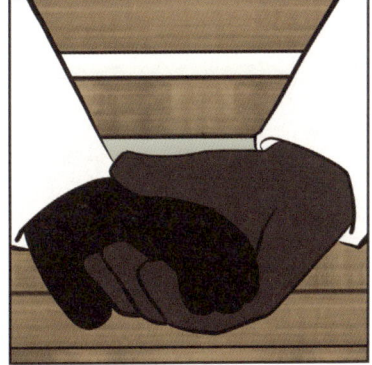

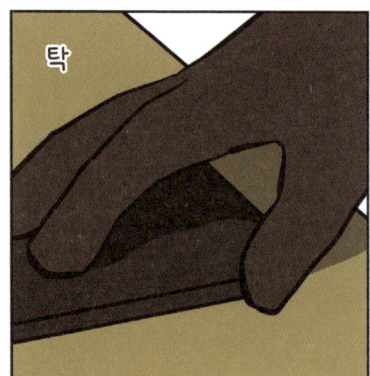

episode 183

확진 4

> 레서에게
> 행복한 기억이 많았으면
> 좋겠어요.

episode 184

확진 5

닥앤닥 연재를 시작하고 얼마 후.

*무슨 생각이었는지 스스로도 알 수 없는 닥앤닥 초기 썸네일

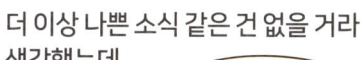

일전에 설명드린 것처럼 암세포가 골수를 침범하면 4기로 판단합니다.

여전히 바닥까진 멀었던 모양이다.

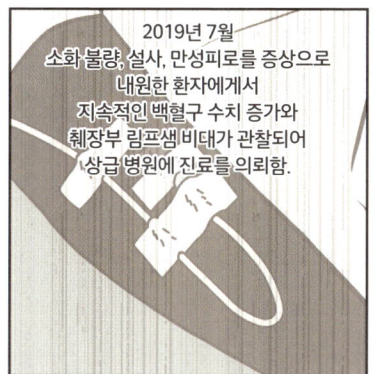

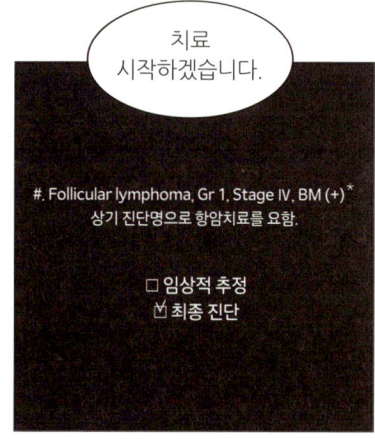

episode 185

투병 1

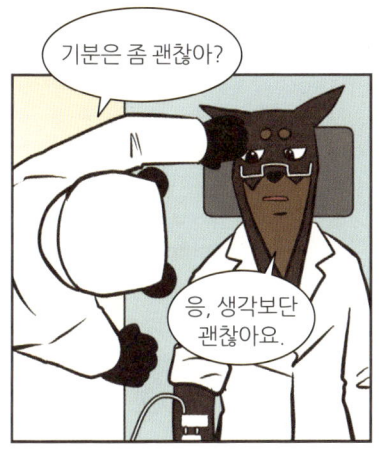

첫 항암은 8시간 정도가 걸렸다.

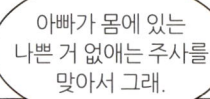

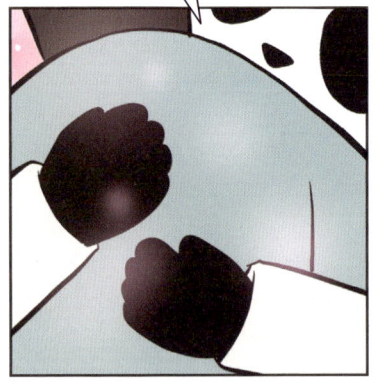

episode 186

투병 2

다음 날.

그 다음 날.

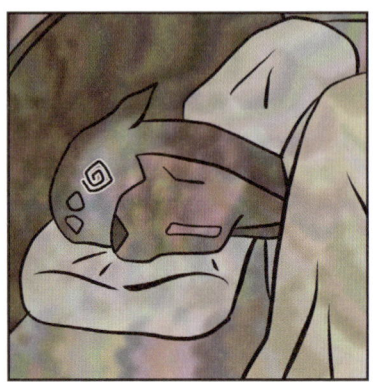

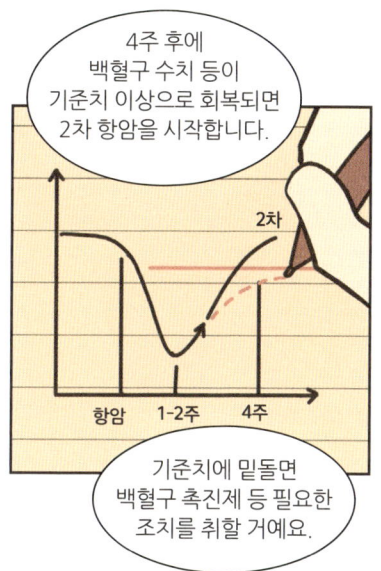

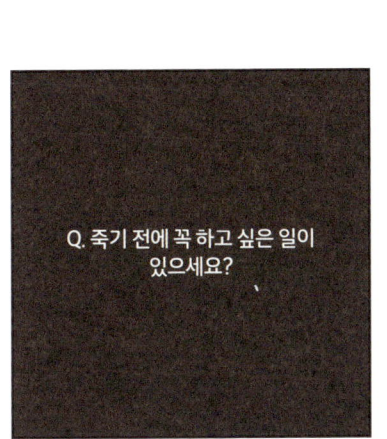

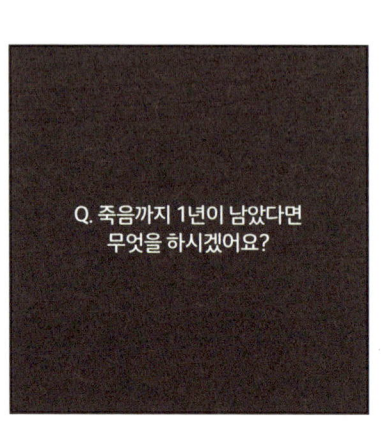

episode 187
삶 1

동화책을 보면

선남선녀가 어느 날 사랑에 빠져서

아… 너무 멋지다.

'오래오래 행복하게 살았습니다.'로 끝난다.

서로 사랑하는 것도 쉬운 일은 아니지만

정말 어려운 건 그 다음이다.

사람은 늙고

죽음의 충격은 겪어보기 전엔 모른다. 어느 날 밤.

다음 날.

episode 188

삶 2

나.

사회와 국가.

지구.

태양계.

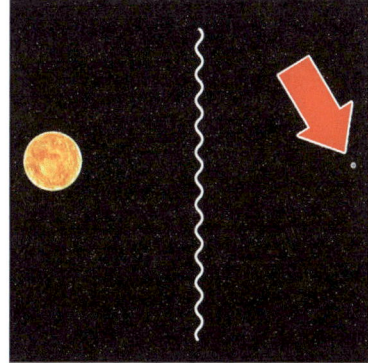

우리 은하.

우주 속의 나.

우주의 역사에 비하면 찰나 같은 반짝임.

하지만 그 반짝임의 뿌리는 깊다.

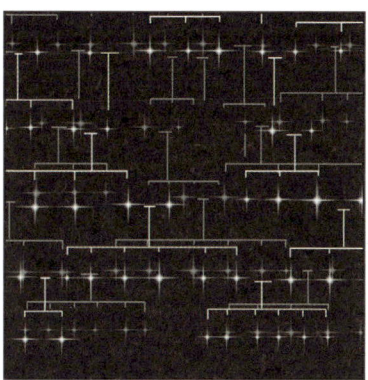

인류의 역사는 약 250만 년.

한 세대를 약 15년*으로 가정하면

*선행인류나 원인류의 기대 수명은 현생인류에 비해 무척 짧았다.

약 16만 번의 바톤터치가 있었다.

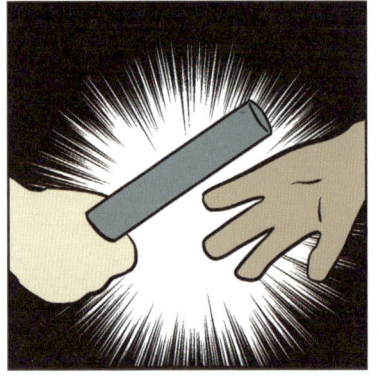

아이가 자라 사랑을 하고 엄마가 되기를 16만 번.

몇 번의 빙기와 간빙기.

숱한 전쟁의 역사 속에서도

꺼지지 않고 전달된 불씨.

나는 그렇게 세상에 태어났다.

그렇게 생각하니 뭔가 대단한걸?

어떻게 다들 그렇게 열심히 불씨를 전한 걸까?

??

아빠의 불꽃이
레서 안에 살아있어.

**16만 번의 반짝임은
이렇게 계속 이어져 왔구나.**

episode 189

삶 3

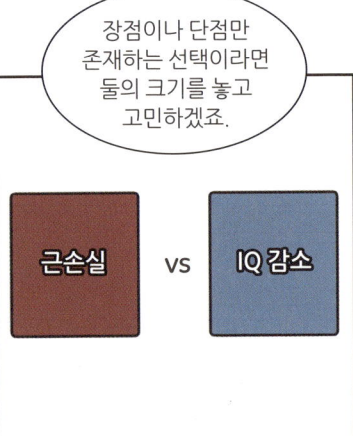

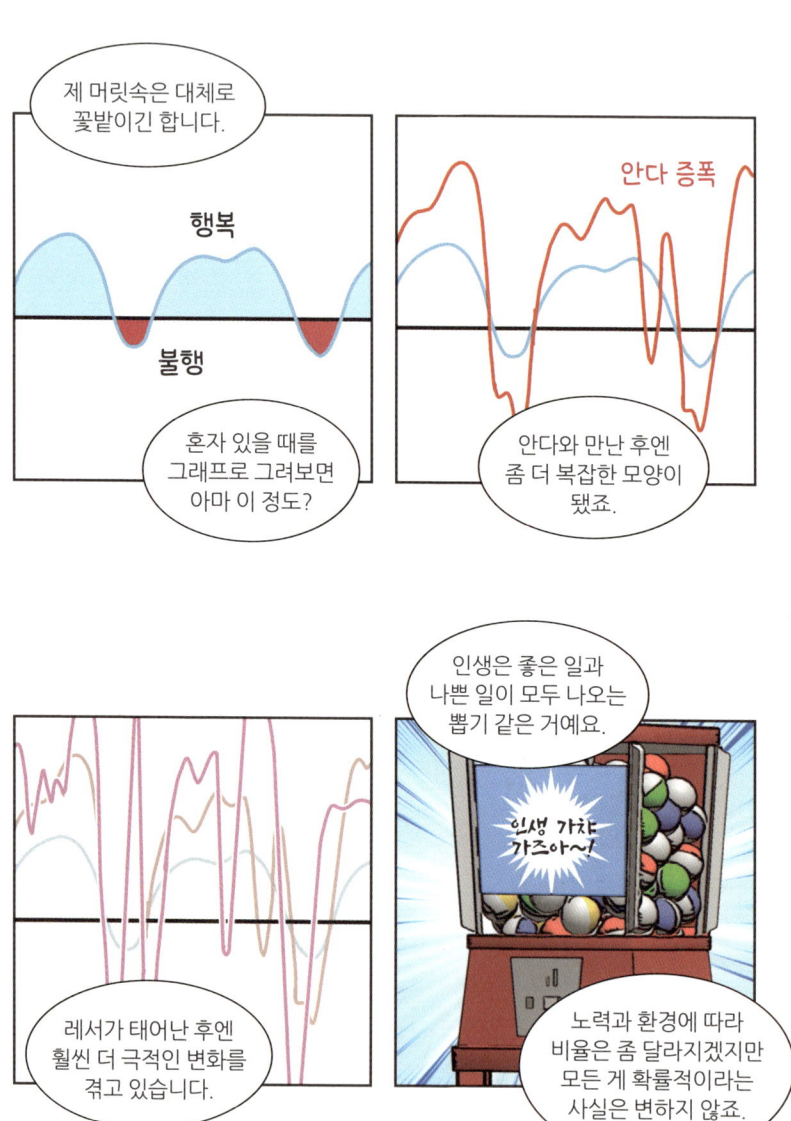

episode 190

죽음 1

자연사의 비율은 생각보다 낮다.

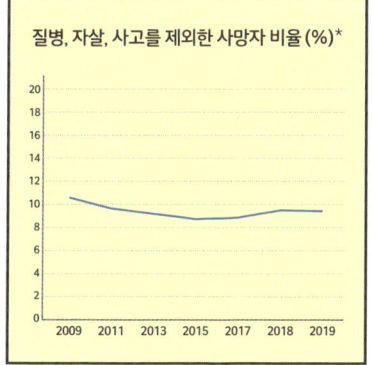

*사람들이 생각하는 자연사는 이 중에서도 일부다.

최근 발표된 사망 원인 통계를 보면

10가지 주요 사망 원인 중 9개가 질병이고

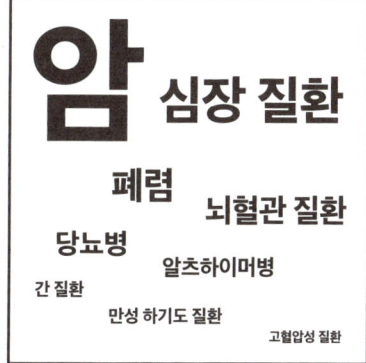

*각 확률은 폰트 크기에 비례

자살이 남은 한 자리*를 채웠다.

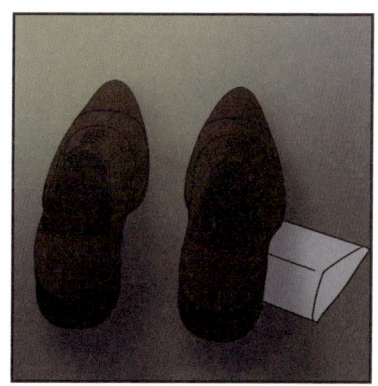

*주요 사망 원인 5위

질병으로 인한 사망은 두려운 일이지만

일부 급성 질환을 제외하면

수 일에서 수 개월 이상의 시간이 주어진다.

환자분께 남은 시간은 6개월 전후로 생각됩니다.

그게 의사가 할 소리야? 나을 수 있다, 어떻게든 고치겠다 그렇게 말해야지!

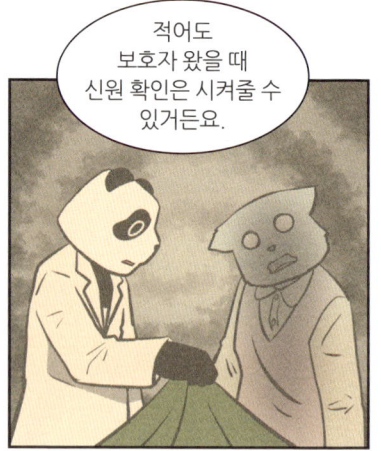

옥서는 얼마 후 바이크를 팔았다.

안전 장구 착용은 아이들에게도 중요하다.

1-9세 사망 원인 2위는
각종 교통사고다.

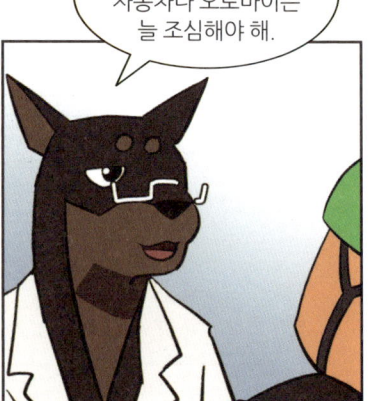

*1위는 소아암

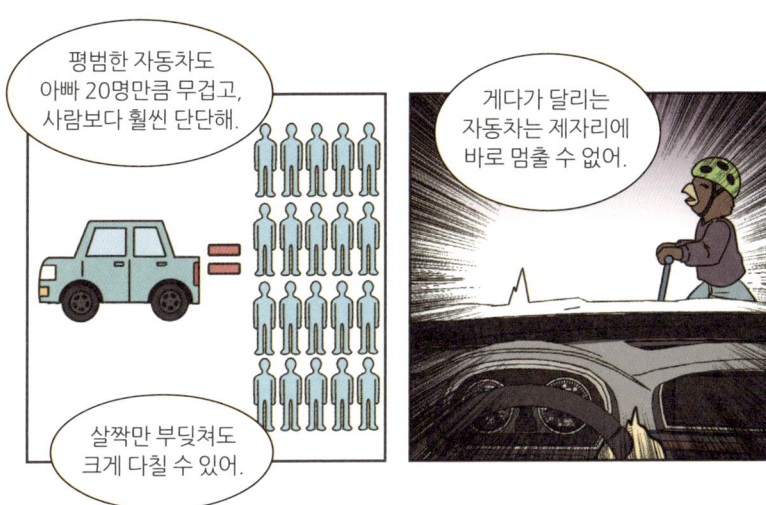

episode 191

죽음 2

1-9세 사망 원인 1위 암.

40대 이후 사망 원인 1위 암.

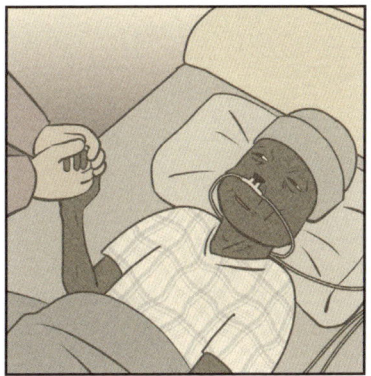

10대~30대 사망 원인 1위는

자살이다.

학업 스트레스.

취업 스트레스.

직장 스트레스.  무리한 투자 실패.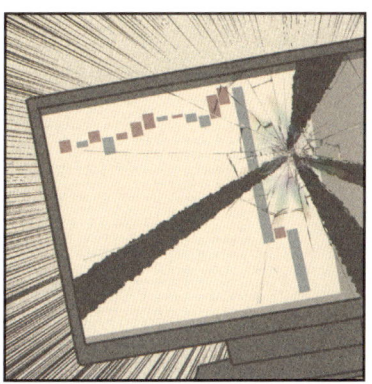

학교 폭력, 따돌림 등등으로 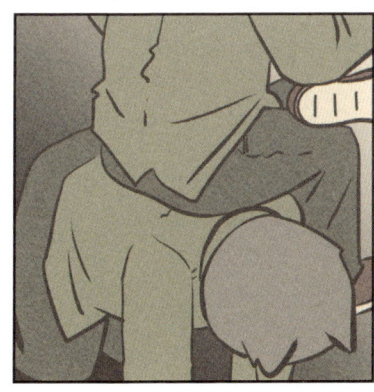 내일에 대한 절망감이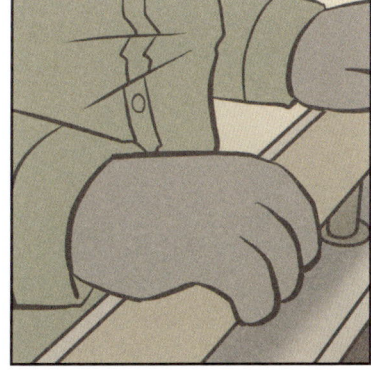

죽음의 공포를 넘어선 사람들의
종착점.

2019년 10월 어느 날.

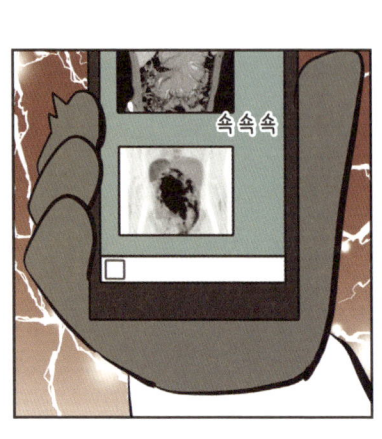

episode 192

죽음 3

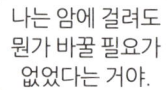

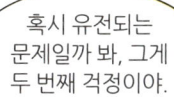

2021년 5월 온라인 강연.

episode 193

건강 1

3차 항암을 앞둔 11월 어느 날.

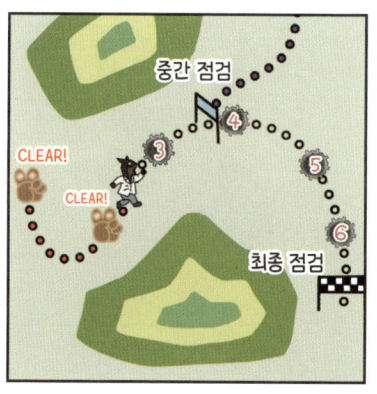

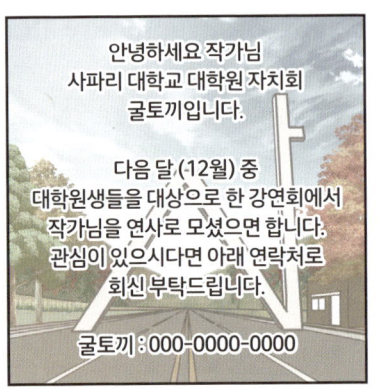

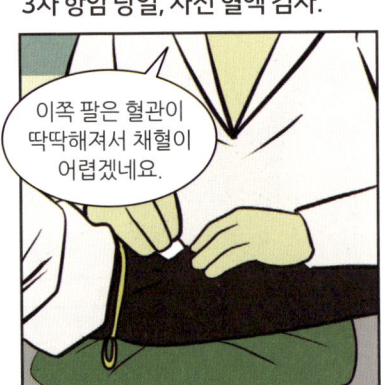

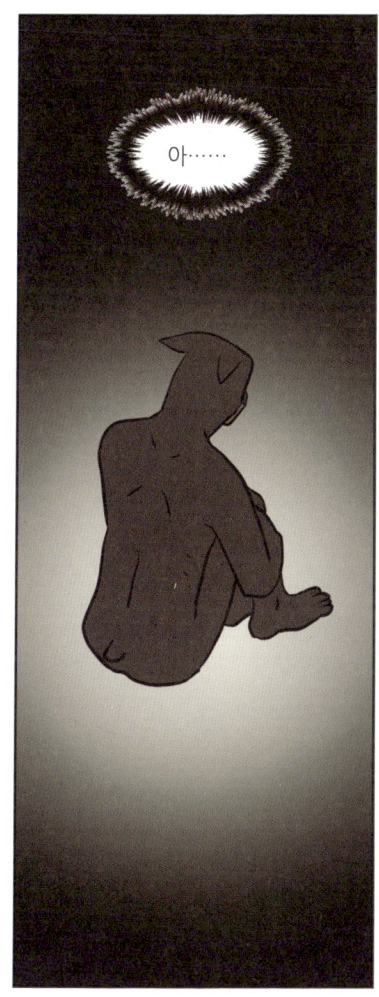
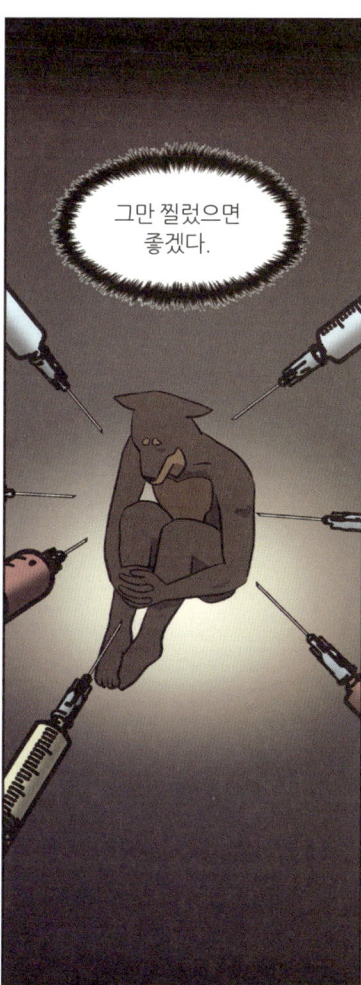

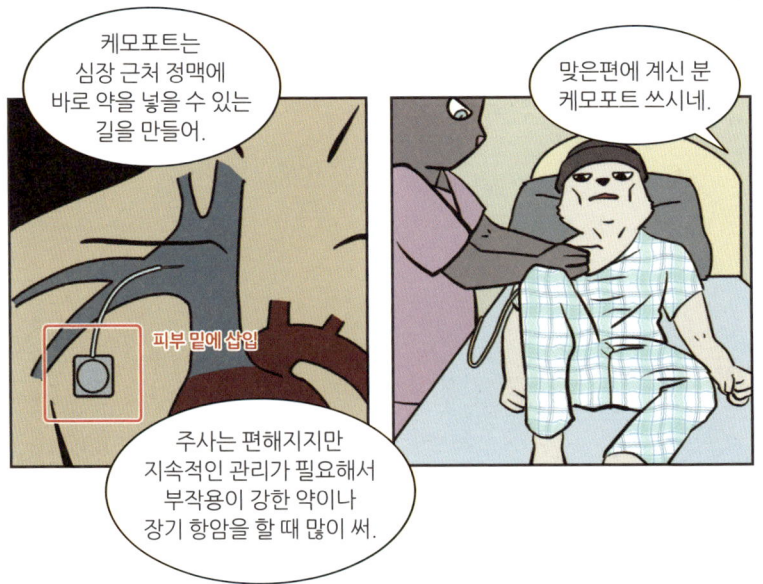

episode 194

건강 2

강연 당일.

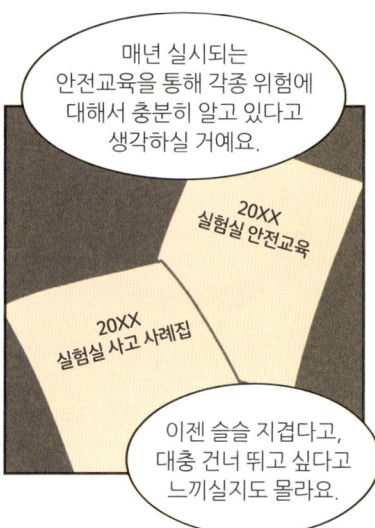

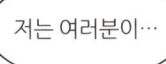

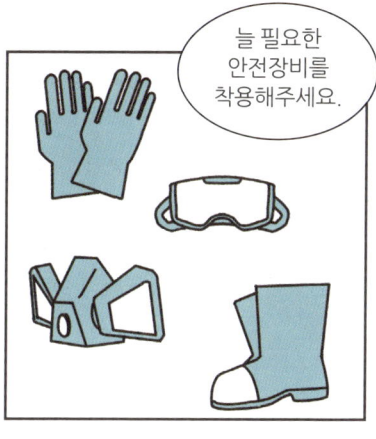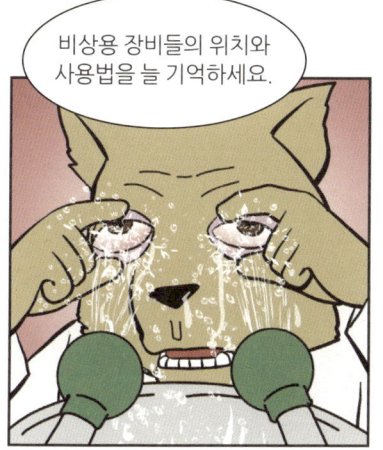

*보통 학회 발표 결론부에 쓰는 양식

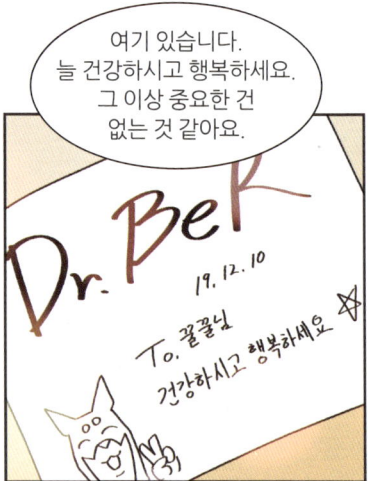

episode 195

건강 3

이후에도 다양한 강연에 참석했다.

*코로나 시대 바람직한 인사법 #1. 주먹 인사

*76화. 육아빠3 참조

*코로나 시대 바람직한 인사법 #2. 팔꿈치 인사

episode 196

건강 4

투병 생활을 하게 되면서

건강에 신경을 많이 쓰게 됐다.

일단 12시쯤엔 잠자리에 들고

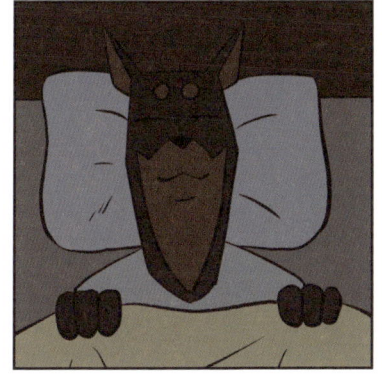

6시간 이상은 잤다.

모닝 커피 대신 아침을 먹기 시작했고

고기와 채소를 골고루 먹고 있다.

점심 식사 후엔 30분 정도
근력 운동을 하거나

조깅을 하고 있다.

좋아하던 술을 끊고

차를 마시고 있다.

*정신을 집중하면 못 이룰 일이 없다. 모든 잡념을 떨치면 불조차 서늘하다. 마음이 있어야 모든 것이 존재하며 마음이 멸하면 모든 것이 멸한다. 산속의 적은 물리치기 쉬우나 마음속의 적을 물리치기는 어렵다.

습관은 쉽게 고쳐지지 않는다.

경추 골절로 입원했던 정형외과.

episode 197

비탈길 1

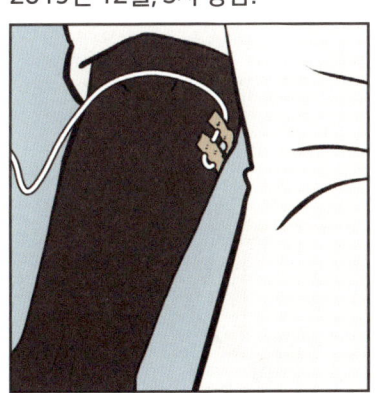

2019년 12월, 3차 항암.

*항암 후 백혈구가 감소하는 기간 (약 2주)

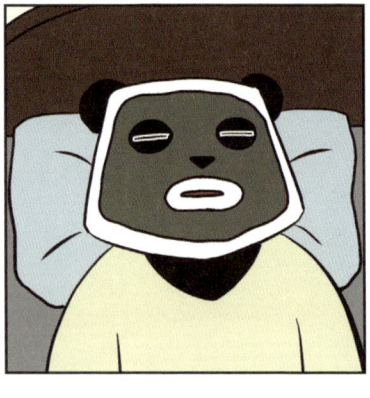

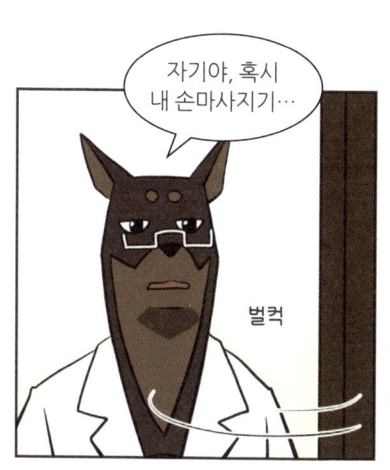

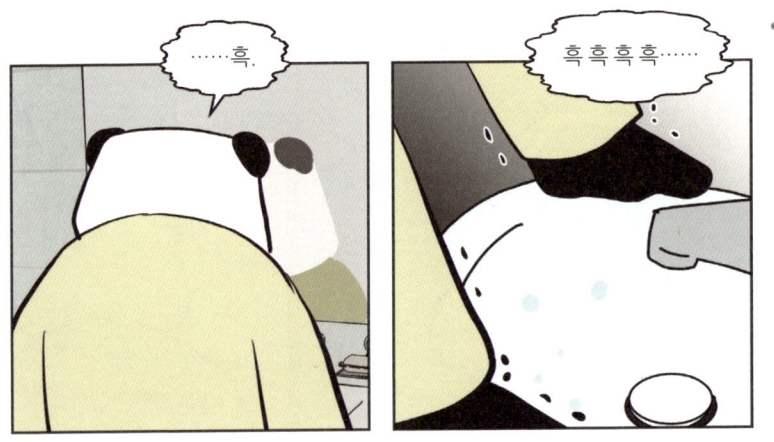

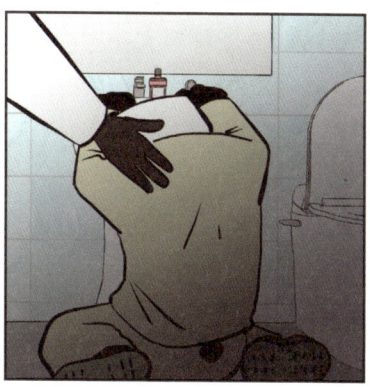

중간 점검 CT 촬영일.

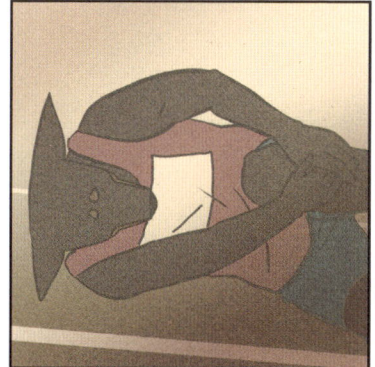

episode 198

비탈길 2

그 사이 돌은 더 무거워지고  산은 더 높아진다.

필요한 과정이라는 건 이해하지만  눈 앞에 있는 다음 언덕을 보면

비슷한 과정이 반복되면서

몸은 고통을 기억하고,
마음엔 공포가 새겨진다.

선택은 각자의 몫이지만

건강보험이 적용되는 치료법들은 적어도 수년간 객관적인 효과가 검증된 것들이다.

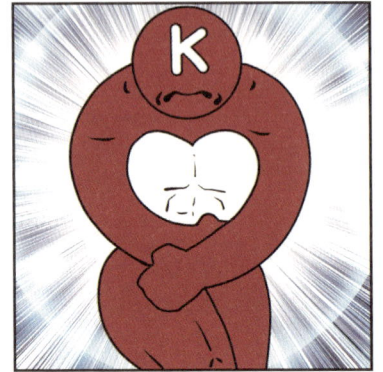

episode 199

비탈길 3

치료에 각종 비급여 약품이 포함되면

치료비는 큰 폭으로 치솟는다.

환자의 경제적 상황에 따라서는

고통을 참기보다 더 큰 부담이 될 수 있다.

항암 중엔 경제 활동도 어려울 수 있으니

평소 작은 보험 하나 정도는 들어놓는 것이 좋다.

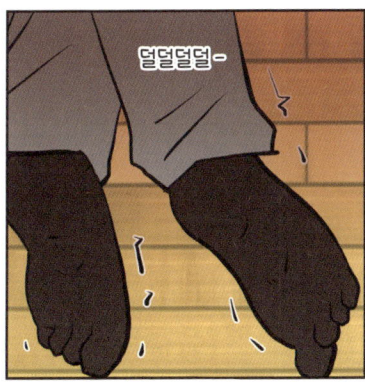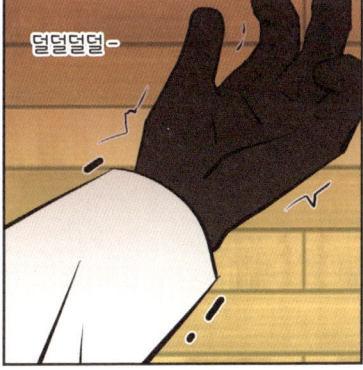

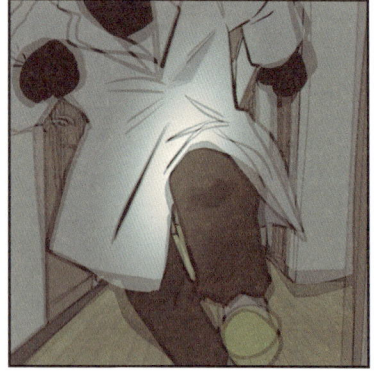

나는 여전히 비탈길 위에 있었다.

episode 200

비탈길 4

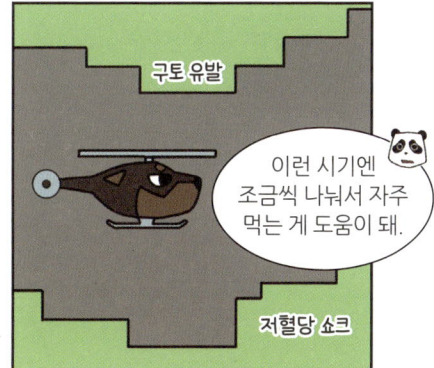

다른 사람들의 투병기를 찾아보기 시작했다.

너무나 많다.

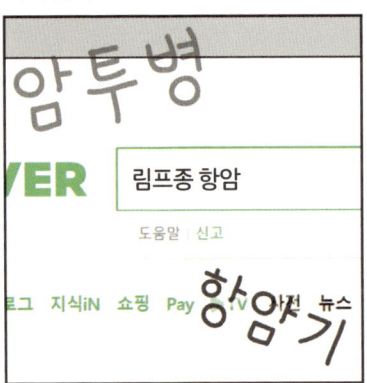

늘 북적이는 항암실에서도 느꼈지만

세상에 아픈 사람들이 너무 많다.

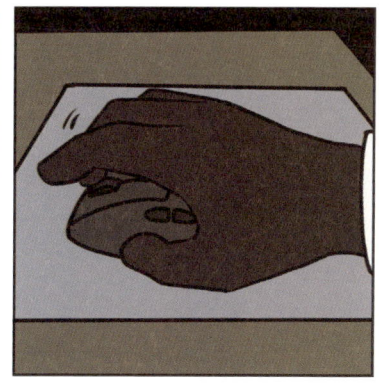

내가 비탈길을 절뚝이며 내려가는 동안에도

훨씬 가파른 비탈에 놓인 사람들이 있었다.

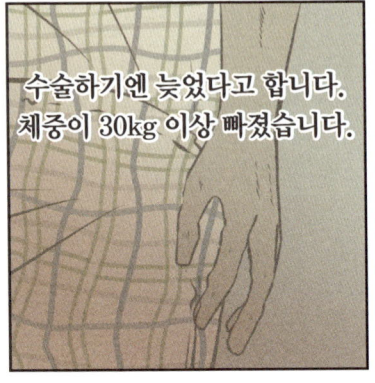

투병기엔 병에 관한 이야기 외에도 다양한 이야기들이 담겨 있다.

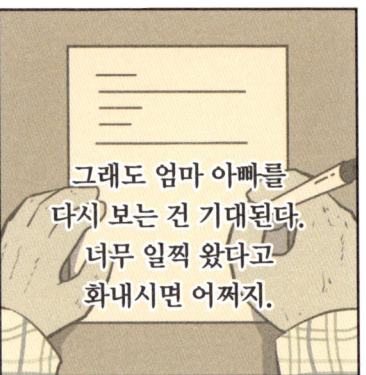

그 이야기의 끝에 어떤 이들은
먼 길을 떠났지만

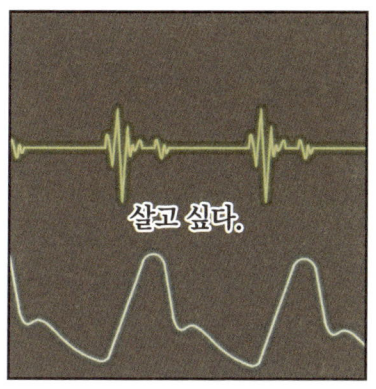

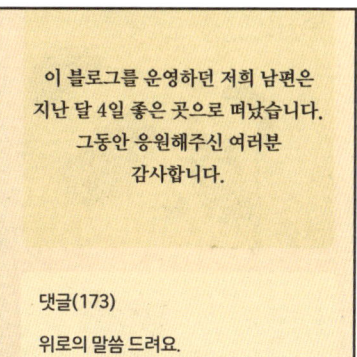

어떤 이들은 건강을 되찾았고

어떤 이들은 그 중간쯤에 머물렀다.

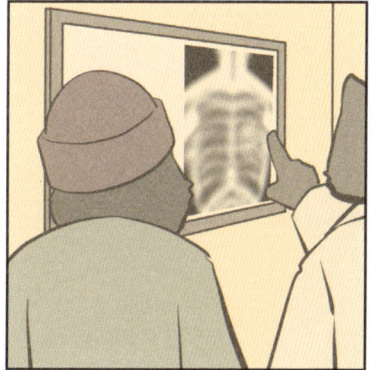

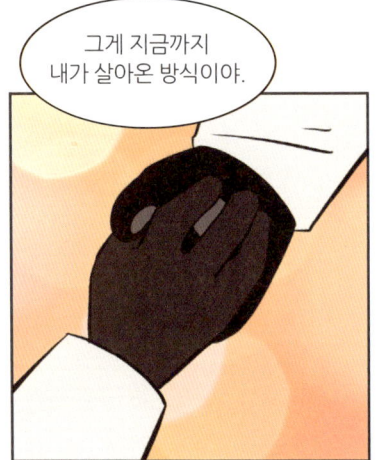

episode 201

비탈길 5

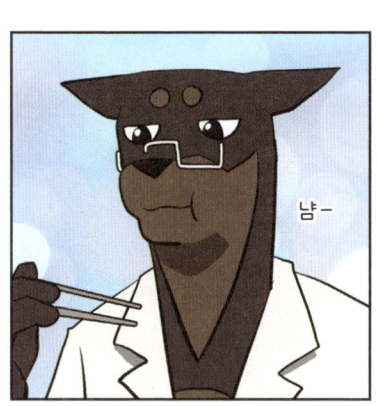

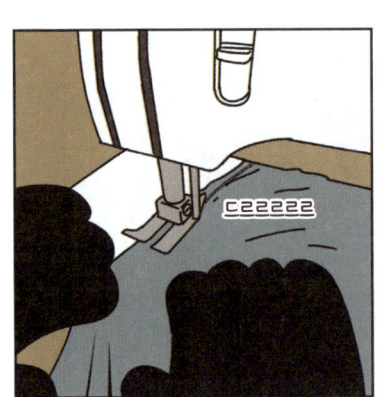

가파른 절벽에도

꽃은 피는 것처럼

인생의 비탈길에도

행복은 있다. 행복은, 들꽃처럼 핀다.

episode 202

비탈길 6

2020년 1월, 5차 항암.

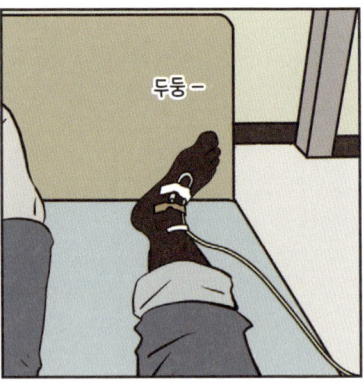

그로부터 얼마 후. 코로나 사태가 시작되었다.

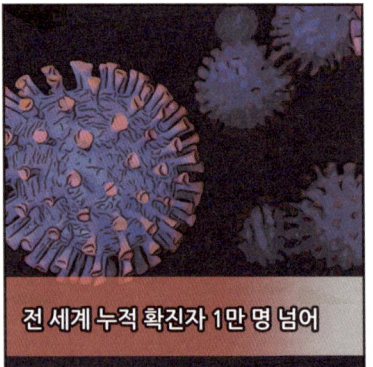

2020년 2월, 6차 항암 당일.

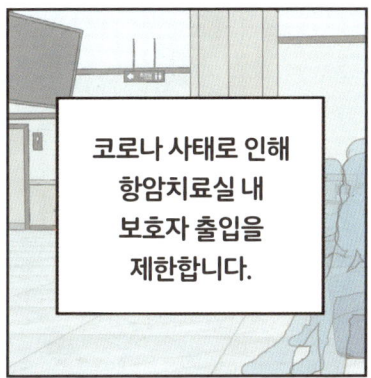

*모든 등장인물은 방역수칙을 준수하였으나 원활한 묘사를 위해 마스크 이미지는 생략하였습니다.

1시간.

3시간.

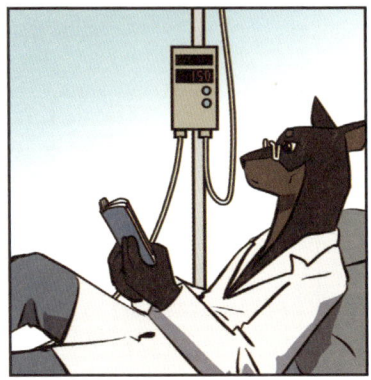
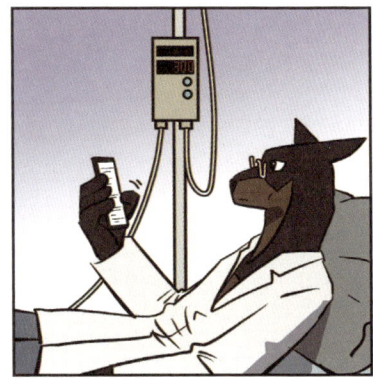

5시간.

항암 시간이 이렇게 길었나?

치료실에 가득한 환자들 중엔

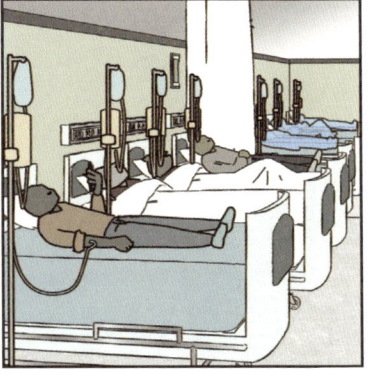

병색이 짙은 사람도 많지만

환자처럼 보이지 않는 사람도 종종 있었다.

웅(熊) - 웅 -

응, 김대리. 나 지금 잠깐 외근 나왔어.

그거 수량이랑 단가만 확인해서 알려주면 되는데.

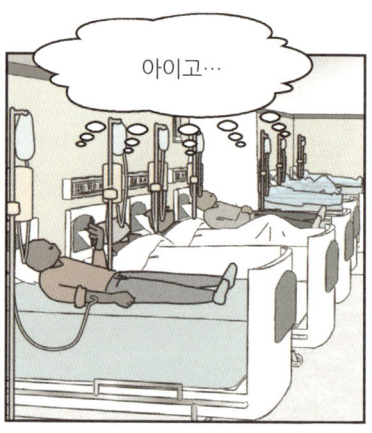

의학은 쉼 없이 발전하고 있고

보다 많은 사람들이 암을 극복하고 있다.

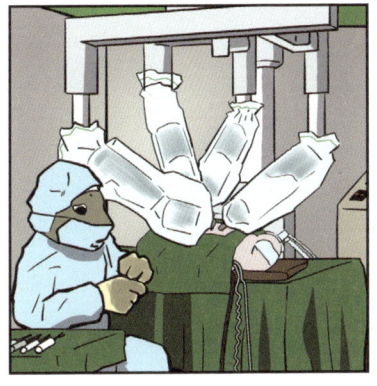
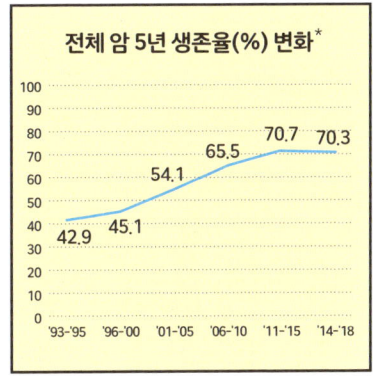

*국가암등록사업 연례보고서 2021.04.30
**5년 생존율과 완치율은 다릅니다.

하지만 사람들에게 암은 여전히 죽음의 병이고

암환자들의 사회 복귀는 생각보다
어려다.

비탈길 뒤에 마주하는 막다른 길.

그렇게 암은 숨겨야 할 병이 된다.

비탈길이 끝나는 곳엔

꽃밭이 있었으면 좋겠다.

활짝 핀 꽃길을 따라

모두가 마땅히 있어야 할 곳으로

돌아갈 수 있기를.

episode 203

공부 1

코로나 사태가 확산되면서

어린이집이 휴원에 들어갔다.

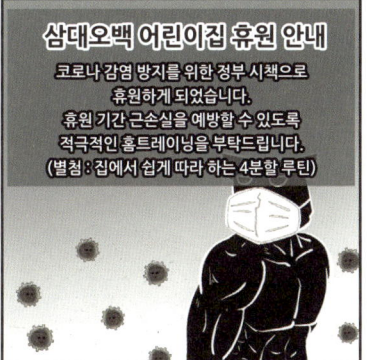

Day 1.

Day 5.

Day 10.

*암기력 의존도 100%의 첫 국제 학회 발표

*TEPSA: 사파리 대학교 영어 능력 시험

episode 204

공부 2

베르의 부모님은

자유방임주의였다.

2년 만에 밴드 합류.

수개월 후 멤버 간 불화로 해산.

어부지리로 사파리 대학교 합격.

사파리 대학교 신입생 시험*.

*수준별 학습을 위한 수학 시험과 영어 시험(TEPSA)

수학 성적은 괜찮은데 대학영어는 신청이 어렵겠네요.

대학영어는 졸업 전까지 꼭 들어야 하는데…

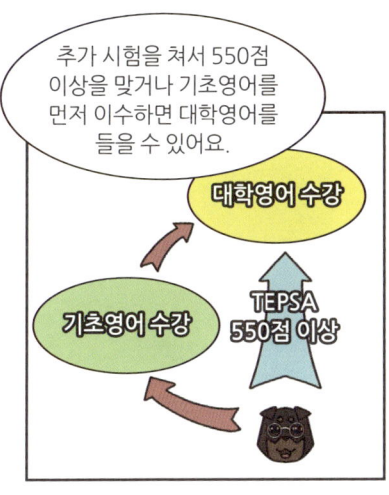

episode 205
공부 3

지식에는 3가지 영역*이 있다.

지식의 효율적인 습득은 학습 지대에서 이루어지지만

베르는 계속 공포 영역에서 헤매고 있었다.

*Senninger, Tom. Abenteuer leiten-in Abenteuern lernen: Methodenset zur Planung und Leitung kooperativer Lerngemeinschaften für Training und Teamentwicklung in Schule, jugendarbeit und Betrieb. ökotopia Verlag, 2000.

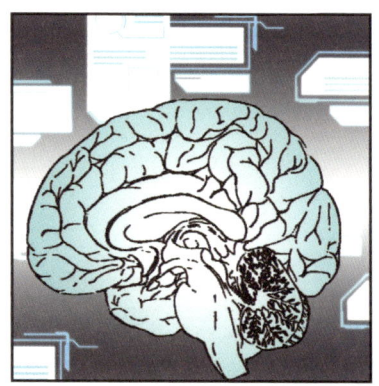

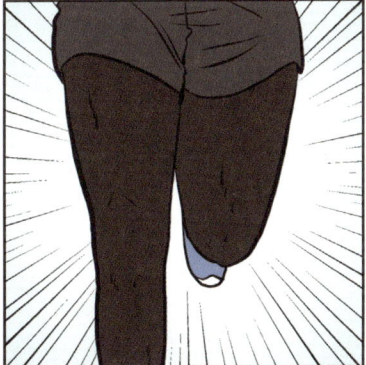

자신의 페이스와 리듬, 힘든 순간을 이겨내는 인내심과 요령

그리고 완주에 대한 열망이다. 그리고 이 모든 것은

episode 206

공부 4

자신의 위치를 아는 것은 중요하다.

어린이집에서 숙제가 생긴 레서 (7살).

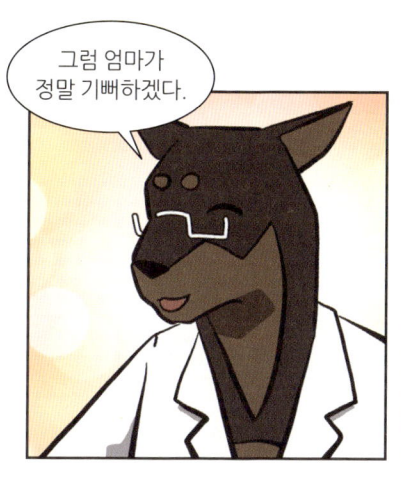

분명한 목표의식은 공부에 큰 도움이 된다.

어떤 목표를 달성하기 위해선

다양한 수단을 강구해야 하지만

수단에 너무 몰입하면 목적이 뒤바뀔 수 있다.

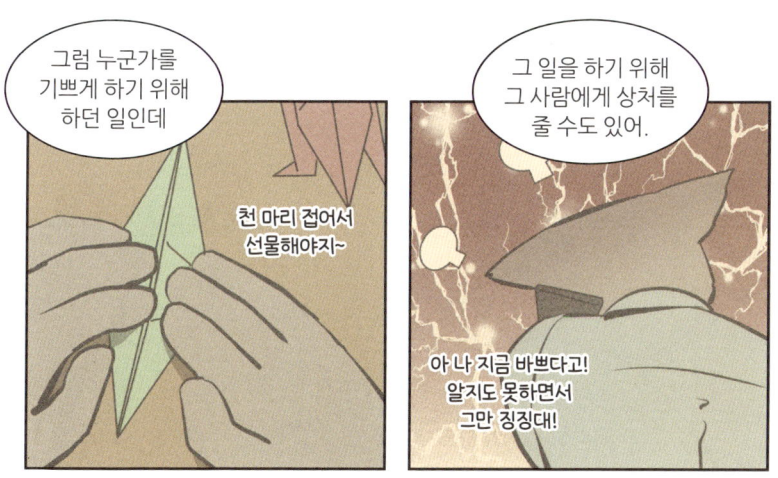

episode 207

공부 5

더닝 크루거 곡선은 크게 4개의 지점으로 나눌 수 있다.

절망의 골짜기.

깨달음의 오르막.

지속가능성의 고원 (예정).

episode 208

공부 6

레서를 가르치면서 가장 어려웠던 건 '말'이었다.

하나 하나 가르치기엔

이 세상이 너무 넓다.

특히 힘들었던 건 3~4살 무렵이었다.

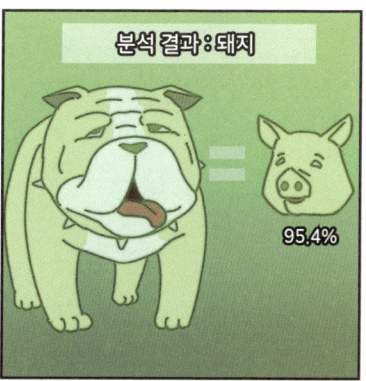

솔직한 말은 때로 참 무례할 수 있다.

이런 시행착오 속에서

레서의 말은 조금씩 다듬어졌다.

말은 그 사람이 바라보는 세상이다.

'빨강, 붉은' 등의 표현을 쓰지 않고 빨간색을 표현해보세요.

episode 209

공부 7

자식은 부모의 거울이라고 한다.

아이들은 부모의 모습을 보고

평소 환경도 중요하다.

아이에게 말을 가르친다는 건

아이들에게 어떻게 말할 것인가의 문제다.

우리의 말은 때로 마음과 너무 다르다.

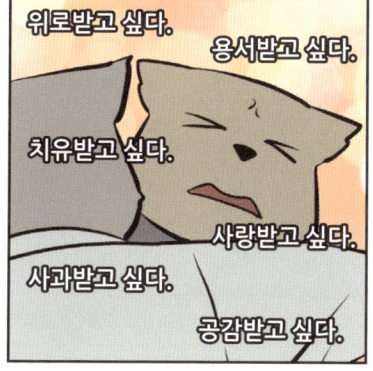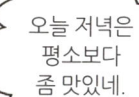

칭찬보다 염려한다.

말은 서로 주고 받는 것이기에

혼자만의 노력으로 잘 되진 않을 수 있다.

하지만 함께 노력하다 보면

점차 서로가 원하는 말을 찾아갈 수 있다.

episode 210

공부 8

공부란

좁게 보면 지식과 기술의 습득 과정이고

넓게 보면 세상을 이해하는 방법의 확장이다.

꼭 직업적 성과로 이어지지 않더라도

공부는 삶을 풍요롭게 한다.

하지만 몇몇 과목으로 배움에 순위를 정하고

무엇이 공정한 경쟁일까, 참 어려운 일이다.

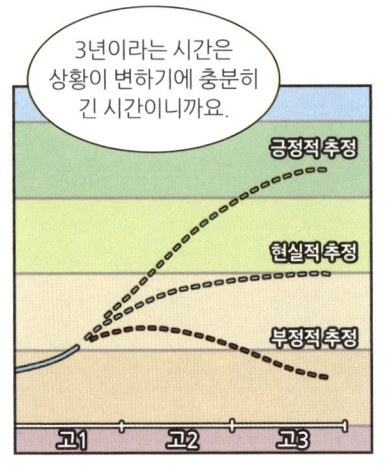
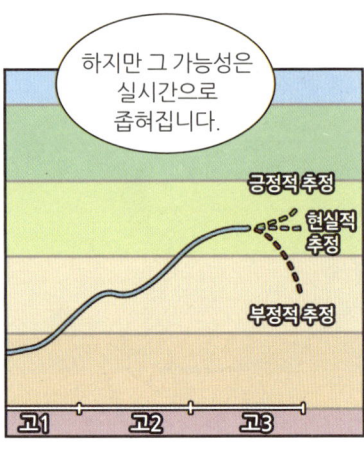

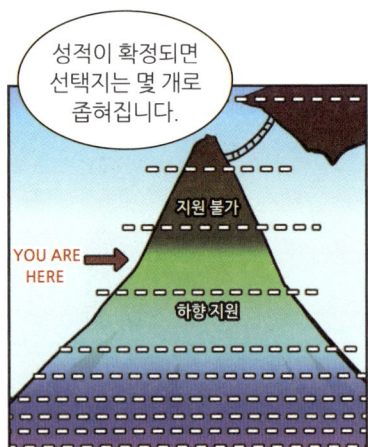

*로X 1등 확률의 약 1000만 분의 1

*잘하면 내 실력, 못하면 정글 탓인 포지션

episode 211

안녕, 닥터베르 1

2020년 3월.

6번의 항암을 모두 마치고

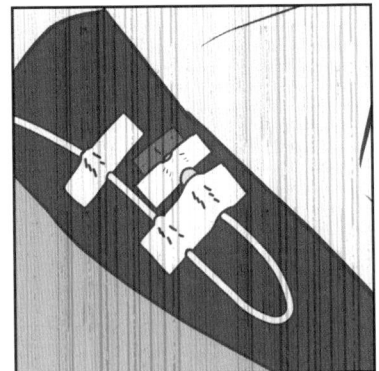

골수 검사와 PET-CT 촬영을 했다.

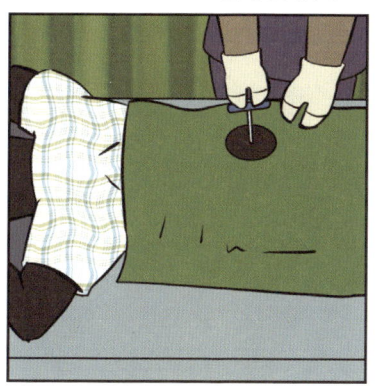

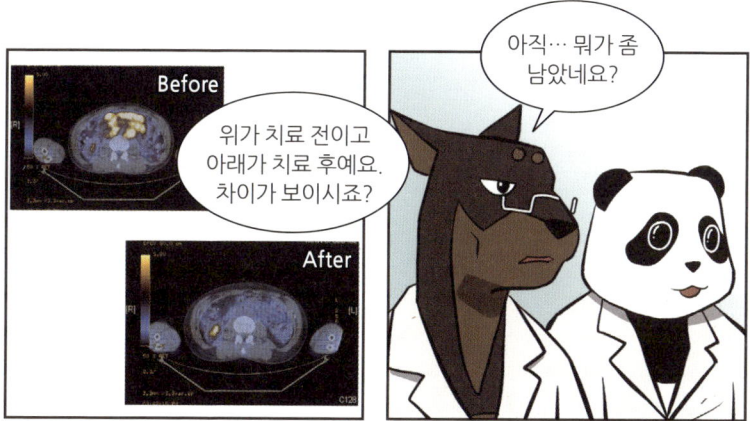

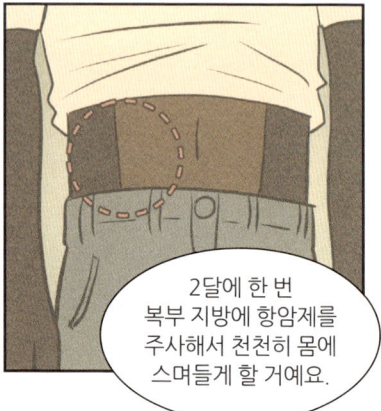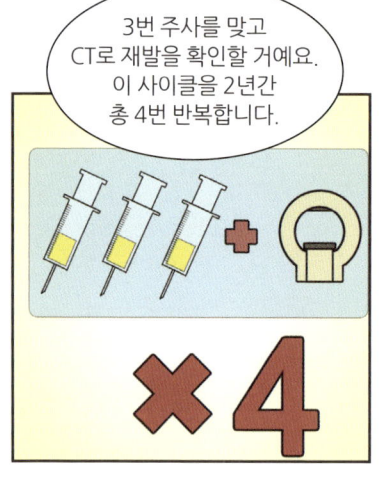

귀가 후.

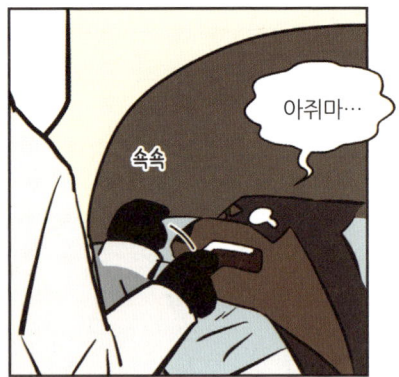

episode 212

안녕, 닥터베르 2

절망의 골짜기 시즌 2.

2시간 후.

*맛조개는 못 찾았다.

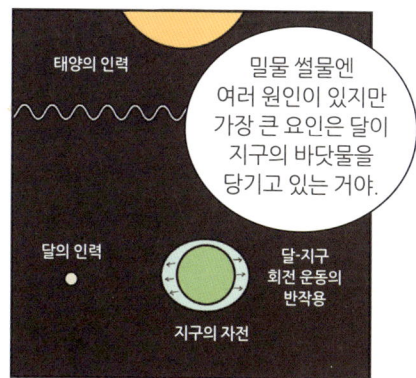

*아이작 뉴턴(1642~1727)

*레서가 생각하는 아빠 이미지

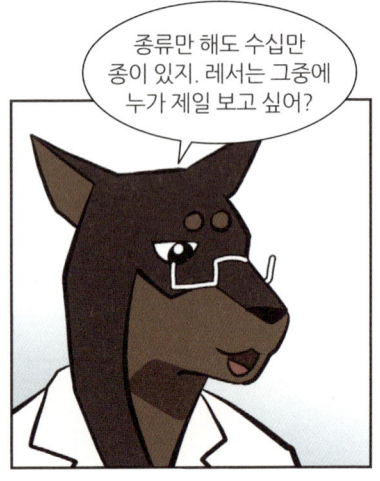

episode 213

안녕, 닥터베르 3

그사이 6번의 주사를 맞았고

2번의 CT를 찍었다.

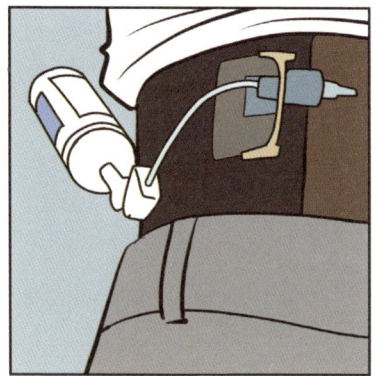

*도중에 추가된 자동 주사 장치

여러 곳에서 강연을 했고

단행본도 출간했다.

*EXPIRED: 환자 사망

아직 6번의 주사 치료와,
수년간의 추적 검사가 남아 있었지만,
그런 건 모두 사소한 일이었다.

21년 9월, 3차 추적 검사.

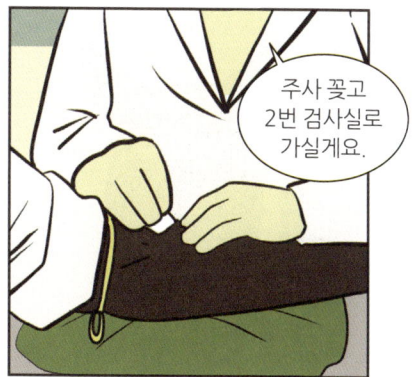

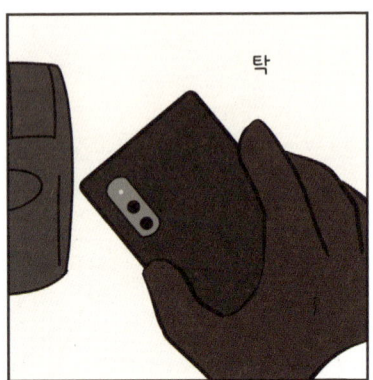

모든 일이 잘 되고 있었다.

모든 일이, 잘 되고 있'었'다.

episode 214

안녕, 닥터베르 4

알고 있다.

계획은 계획일 뿐

닥터베르는 공학박사다.

그는 박사과정 중
3년의 육아휴학을 했고

트램펄린에서 공중 2회전을
뛰었다가

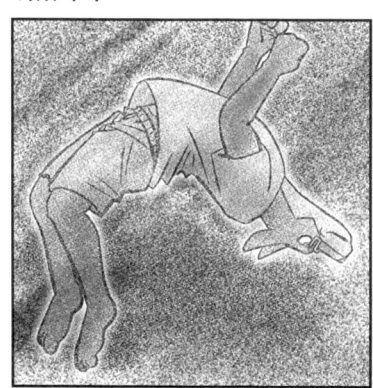

척추 3개가 골절되는 부상을
당했지만

다시 일어나 공학박사가 되었다.

그는 이 이야기로 웹툰 작가가 되었지만

그와 거의 동시에 암 진단을 받았고

힘든 투병 생활 속에서도

마지막까지 독자들과의 약속을 지켰다.

2021년 10월.

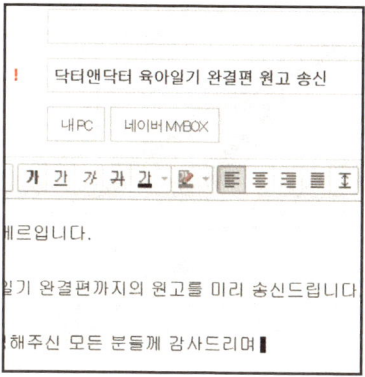

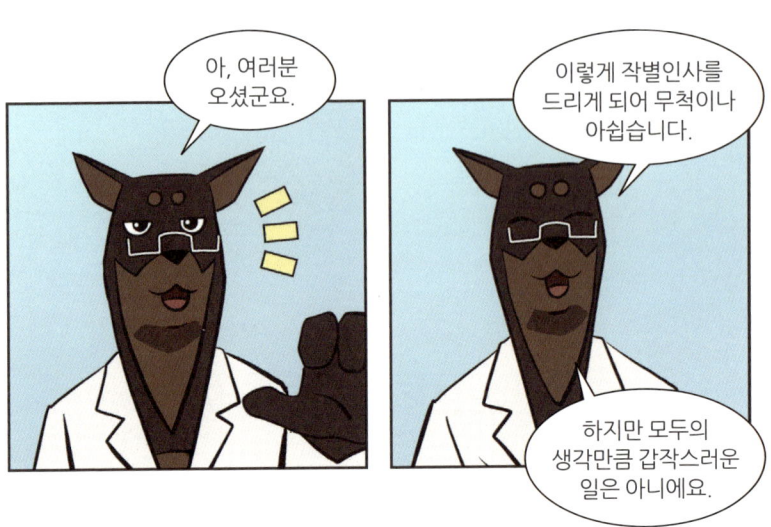

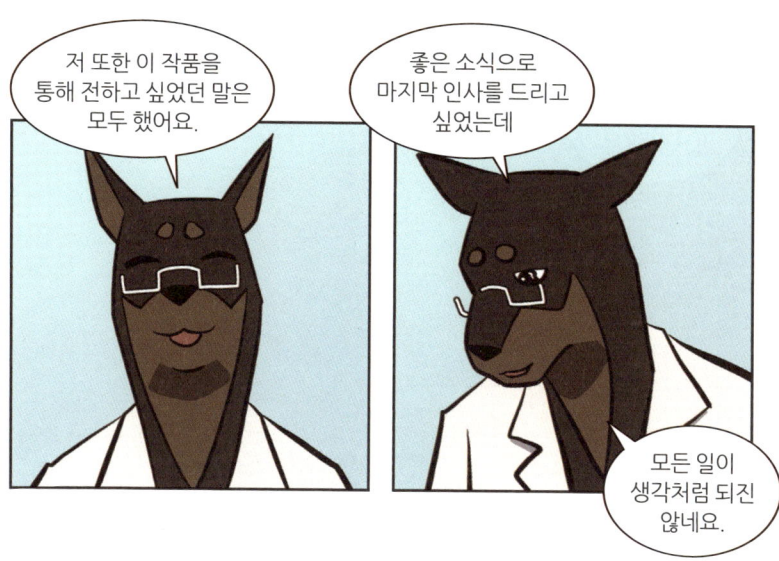

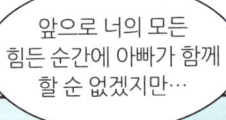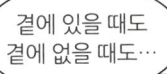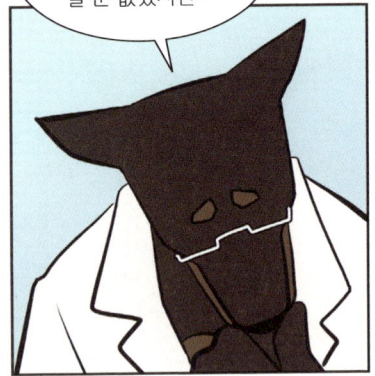

이 작품을 나의 가장 소중한 레모네이드에게 바칩니다.

닥터앤닥터 육아(兒*)일기. 닥터앤닥터 육아(我*)일기.

*아이 아 *나 아

완.

안녕, 닥터베르.

지금까지 〈닥터앤닥터 육아일기〉를
사랑해주셔서 감사합니다.

2021년 9월.

베르 베르 베르 베르~

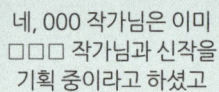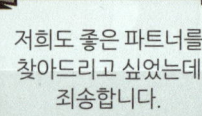

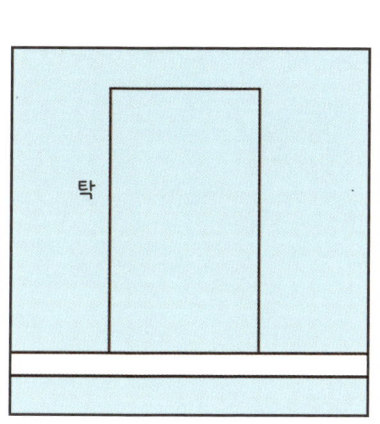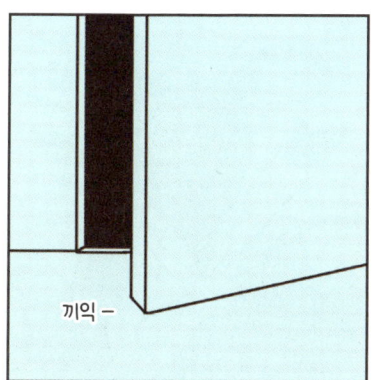

episode 215
QnA 특별편

팬카페에서 발췌한 질문들입니다.

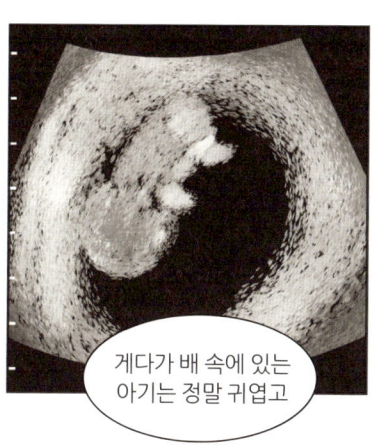

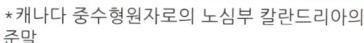

이렇게 4일 동안 있다가 왔습니다.

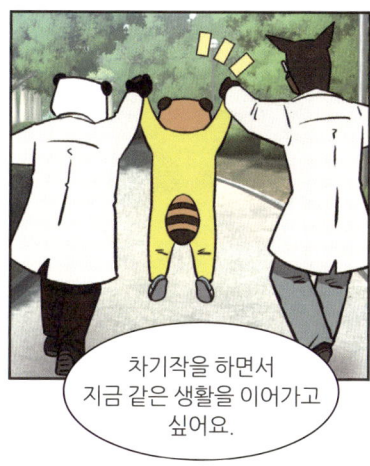

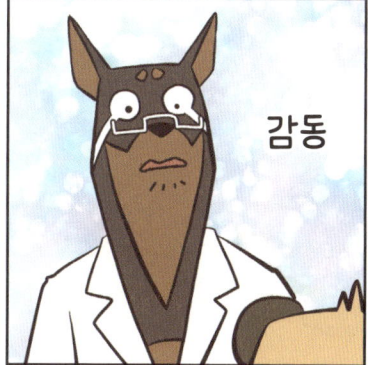

epilogue

레서

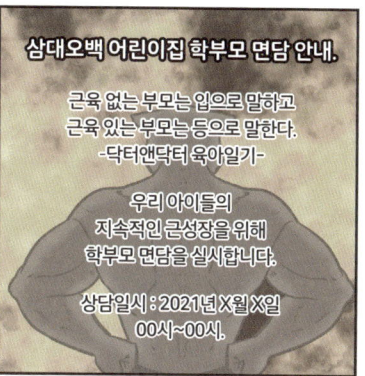

그로부터 얼마 후.

육아의 최종적인 목표는 무엇일까?

진짜 完.

epilogue

인생이라는 항해

처음 암 진단을 받았을 때의 기분을 지금도 기억한다. 모든 것이 무미건조하게 느껴지던, 세상이 흑백사진으로 변한 것 같은 그 기분. 어떤 것을 먹어도, 보고 싶던 영화를 봐도, 단 한순간도 제대로 집중할 수가 없었다. 아마도 그런 것들은 당시 나에게 진정으로 의미 있는 것이 아니었기 때문이라 생각한다.

내게 남은 시간이 그리 많지 않을 수 있음을 깨달은 이후 오히려 더 소중하게 느껴진 건, 가족과 시간을 보내는 일과 닥터앤닥터 육아일기를 연재하는 일이었다. 이 작품은 삶에 대한 고민과 감정을 쏟아내는 좋은 출구였고, 나에게 큰 보람도 주었다. 많은 환자들이 투병일기나 에세이를 쓰고, 사진 등을 정리하는 데 시간을 쏟는 건 이런 이유라고 생각한다.

4주마다 항암을 반복하며 주 2회 연재를 이어가는 건 결코 쉽지 않은 일이었다. 회복 기간을 오롯이 쉬기 위해선 남은 기간에 1.5배로 일을 해야 했다. 약해진 몸으로 일할 수 있는 시간은 한계가 있기에, 최대한의 집중력으로 작업에 몰두했다.

그렇게 암 투병과 함께했던 2년 2개월의 연재가 얼마 전 끝이 났다. 조금 더 잘 그릴 수 있었을 것 같다는 아쉬움과 여러 시원섭섭한 마음도 들지만, 당분간은 오랜만에 찾아온 휴식 시간을 만끽할 생각이다. 이렇게나 자유로운 시간이 허락된 건 대학교 졸업 이후 처음이라 어떤 일을 하며 보낼지 생각만으로 가슴이 두근거린다.

이런 행복한 재충전의 시간을 앞두고 있는 나에게 유감스러운 사실이 두 가지 있다. 하나는 코로나로 인해 시도할 수 있는 일에 많은 제약이 있다는 점이고,

두 번째는 나에게 남아있는 시간이 그리 길지 않다는 점이다. 운이 좋다면 40년 정도. 고작 지금까지 살아온 정도의 시간을 더 살고 나면 나의 삶은 끝을 맞이할 것이다.

그런 생각이 떠오를 때면 나는 당장이라도 돛을 올리고 다음 항해를 떠나야 할 것 같은 조급함에 시달린다. '내 남은 인생 중 가장 젊은 날은 오늘이니, 노를 저으려면 지금이 아닐까?' 하지만 나는 또한 알고 있다. 내 몸을 상하게 했던 가장 큰 범인은 바로 그 조급함이라는 것을. 인생이라는 항해는 조급함과 나태함 사이의 근면함으로 이어가는 것임을 이제는 안다.

나는 2년 반의 항해 끝에 이제 막 항구에 도착한 선장이다. 성공적인 다음 항해를 위해선 꼼꼼하게 배를 정비하는 시간도 필요하다. 고생한 선원들에게 충분한 휴식과 포상을 주어 의욕을 고취시키고, 부상자를 치료하며, 다음 목적지를 정하고 필요한 물자를 보충해야 한다. 그런 준비를 모두 마치면 나는 주저 없이 다음 항해를 떠날 것이다. 미국의 교육자 존 A. 쉐드의 말을 빌리자면 "항구에 있는 배는 안전하지만, 그러기 위해 만들어진 것은 아니므로."

닥터앤닥터 육아일기 6

초판 1쇄 인쇄 2021년 12월 14일 | 초판 1쇄 발행 2021년 12월 30일

글·그림 닥터베르

펴낸이 신광수
CS본부장 강윤구 | 출판개발실장 위귀영 | 출판영업실장 백주현 | 디자인실장 손현지 | 개발기획실장 김효정
단행본개발파트 권병규, 조문채, 정혜리
출판디자인팀 최진아, 김가민 | 저작권 김마이, 이아람
채널영업팀 이용복, 이강원, 김선영, 우광일, 강신구, 이유리, 정재욱, 박세화, 김종민, 이태영, 전지현
출판영업팀 박충열, 민현기, 정재성, 정슬기, 허성배, 정유, 설유상
개발지원파트 홍주희, 이기준, 정은정
CS지원팀 강승훈, 봉대중, 이주연, 이형배, 이은비, 전효정, 이우성

펴낸곳 (주)미래엔 | 등록 1950년 11월 1일(제16-67호)
주소 06532 서울시 서초구 신반포로 321
미래엔 고객센터 1800-8890
팩스 (02)6455-8816 | 이메일 bookfolio@mirae-n.com
홈페이지 www.mirae-n.com

ⓒ 2021. 닥터베르

ISBN 979-11-6841-078-7 07370
      979-11-6413-694-0 (set)

* 북폴리오는 (주)미래엔의 성인단행본 브랜드입니다.
* 책값은 뒤표지에 있습니다.
* 파본은 구입처에서 교환해 드리며, 관련 법령에 따라 환불해 드립니다.
  단, 제품 훼손 시 환불이 불가능합니다.

> 북폴리오는 참신한 시각, 독창적인 아이디어를 환영합니다.
> 기획 취지와 개요, 연락처를 bookfolio@mirae-n.com으로 보내주십시오.
> 북폴리오와 함께 새로운 문화를 창조할 여러분의 많은 투고를 기다립니다.